Sunset in Venice: Short Stories in Italian for Beginners

Artici Bilingual Books

Published by Artici Bilingual Books, 2024.

SUNSET IN VENICE: SHORT STORIES IN ITALIAN FOR BEGINNERS

First edition. May 13, 2024.

Copyright © 2024 Artici Bilingual Books.

ISBN: 979-8224504121

Written by Artici Bilingual Books.

Table of Contents

Il Festival della Luce 1

The Festival of Light 3

Racconti dalle Dolomiti 5

Tales from the Dolomites...7

Tramonto a Venezia...9

Sunset in Venice 11

Il Gelataio Stregone di Firenze.. 13

The Gelato Wizard of Florence.. 17

La Vigna Toscana 21

The Tuscan Vineyard 23

Un Addio a Firenze 25

A Farewell to Florence 27

La Strada per Roma 29

The Road to Rome.. 31

Estate Siciliana... 33

Sicilian Summers.. 35

Venezia 37

Venice 39

Notturno Veneziano.. 41

Venetian Nocturne 43

Il Viaggio dell'Alchimista 45

The Alchemist's Journey 47

Una Storia Toscana di Uliveti e Espresso 49

A Tuscan Tale of Olive Groves and Espresso 51

Sotto il Sole Siciliano 53

Under the Sicilian Sun.. 55

Una Disavventura a Roma 57

A Misadventure in Rome... 59

Il Giardino Segreto di Firenze... 61

The Secret Garden of Florence... 63

Il Festival della Luce

Nel cuore della Toscana, tra colline ondulate e vigneti, si trova un piccolo villaggio chiamato San Giorgio. È un luogo dove il tempo sembra fermarsi, e l'aria è pervasa dal profumo del pane appena sfornato e dalla melodia delle canzoni popolari italiane.

Una sera d'estate, mentre il sole scompariva sotto l'orizzonte, gli abitanti del villaggio si riunirono in piazza per il tradizionale Festa della Luce. Tavoli adornati con tovaglie a quadretti erano pieni di deliziosi piatti fatti in casa, mentre i bambini si rincorrevano intorno alla fontana, il loro riso echeggiava tra le strette strade di ciottoli.

Tra la folla c'era Sofia, una giovane artista con la passione per catturare la bellezza dei suoi dintorni su tela. Mentre dipingeva la scena di fronte a lei, i suoi occhi furono attratti da una figura misteriosa in piedi sul bordo della piazza.

Era Luca, un viaggiatore proveniente da una terra lontana, i suoi occhi brillavano di meraviglia mentre osservava i colori e i suoni della festa. Intrigata dalla sua presenza, Sofia si avvicinò a lui e presto si trovarono persi in conversazione, condividendo storie delle loro vite e sogni sotto il cielo stellato.

Man mano che la notte avanzava, la musica diveniva più soffice e gli abitanti del villaggio cominciavano a salutarsi. Ma per Sofia e Luca, la serata era appena iniziata. Tenendosi per mano, si aggirarono per le strade tortuose di San Giorgio, i loro cuori pieni della promessa di nuove avventure e i sussurri della Toscana che guidavano il loro cammino.

The Festival of Light

In the heart of Tuscany, amidst rolling hills and vineyards, lies a small village named San Giorgio. It's a place where time seems to stand still, and the air is filled with the scent of freshly baked bread and the melody of Italian folk songs.

One summer evening, as the sun dipped below the horizon, the villagers gathered in the piazza for the annual Festa della Luce, the Festival of Light. Tables adorned with checkered tablecloths were laden with delicious homemade dishes, while children chased each other around the fountain, their laughter echoing through the narrow cobblestone streets. Among the crowd was Sofia, a young artist with a passion for capturing the beauty of her surroundings on canvas. As she painted the scene before her, her eyes were drawn to a mysterious figure standing at the edge of the piazza.

It was Luca, a traveler from a distant land, his eyes alight with a sense of wonder as he took in the sights and sounds of the festival. Intrigued by his presence, Sofia approached him, and soon they found themselves lost in conversation, sharing stories of their lives and dreams under the starlit sky.

As the night wore on, the music grew softer, and the villagers began to bid each other farewell. But for Sofia and Luca, the evening was just beginning. Hand in hand, they wandered through the winding streets of San Giorgio, their hearts filled with the promise of new adventures and the whispers of Tuscany guiding their way.

Racconti dalle Dolomiti

Nel cuore delle Dolomiti, dove le cime frastagliate si protendono verso il cielo come antichi sentinelI, giace il pittoresco villaggio di Castelrotto. Incastonato tra prati verdi ondulanti e foreste di pini, è un luogo dove il tempo sembra muoversi a un ritmo più lento e i ritmi della natura guidano la vita dei suoi abitanti.

In questo pittoresco villaggio, dove l'aria è fresca e pulita e il profumo dei fiori selvatici si mescola con l'aroma del pane appena sfornato, viveva un variegato gruppo di personaggi, ognuno con le proprie storie da raccontare.

Al centro del villaggio si ergeva il Gasthof zur Post, un incantevole locanda con pareti imbiancate e persiane di legno che cigolavano nella brezza di montagna. Qui, ospiti provenienti da lontano sarebbero venuti a riposare le loro ossa stanche dopo una giornata di escursioni o sci tra le aspre vette.

La locanda era gestita da Frau Anna, una donna dal cuore caldo con uno scintillio negli occhi e un talento per raccontare storie. Con la sua risata sincera e l'infinito approvvigionamento di strudel fatto in casa, accoglieva gli ospiti come vecchi amici, deliziandoli con racconti del passato del villaggio e delle leggende che sussurravano tra le vette.

Una di queste leggende era quella del Cavaliere Pallido, una figura misteriosa che si diceva vagasse sulle pendici montane nelle notti di luna, il suo mantello svolazzante dietro di lui come uno spettro spettrale. Alcuni sostenevano che fosse uno spirito guardiano, che vegliava sul villaggio e proteggeva i suoi abitanti da ogni pericolo. Altri sussurravano che fosse un annunciatore di sventura, un avvertimento dei pericoli che si celavano nella natura selvaggia oltre.

Ma in mezzo alle leggende e al folklore, la vita a Castelrotto proseguiva come sempre. C'era Sepp, il fabbro del villaggio, le cui mani forti potevano modellare i migliori ferri di cavallo di tutte le Dolomiti. E Maria, la figlia del fornaio, il cui sorriso poteva illuminare anche i giorni più cupi.

E poi c'era Hans, il tuttofare del villaggio, il cui aspetto rude nascondeva un cuore d'oro. Con il suo fedele cane Fritz al suo fianco, poteva essere trovato a lavorare nel suo laboratorio, riparando tutto, dai vetri rotti ai slitte consumate.

Ma forse il personaggio più intrigante di tutti era Klaus, il narratore del villaggio. Con la sua criniera selvaggia di capelli grigi e gli occhi azzurri penetranti, tagliava una figura impressionante contro lo sfondo delle montagne. Klaus aveva vissuto a Castelrotto per tutto il tempo che nessuno poteva ricordare, e le sue storie erano intessute nella stessa trama della storia del villaggio.

In una fredda sera d'autunno, mentre le foglie si tingevano d'oro e i primi fiocchi di neve spolveravano le cime delle montagne, i villaggi si radunarono in piazza per il festival annuale del raccolto. L'aria era piena del suono delle risate e della musica mentre ballavano sotto le luci scintillanti appese tra i chalet di legno.

Mentre le festività giungevano al termine, Frau Anna prese posto vicino al fuoco, gli occhi che scintillavano d'anticipazione. Era giunto il momento di cominciare a raccontare storie.

Con Klaus al suo fianco, iniziò a tessere un racconto di amore e perdita, di eroi e cattivi, di trionfi e tragedie che avevano plasmato il destino di Castelrotto per generazioni. E mentre il fuoco scoppiettava e le ombre danzavano sui muri, i villaggi ascoltavano con attenzione, la loro immaginazione portata via su ali di meraviglia.

Perché nel cuore delle Dolomiti, dove le montagne erano testimoni silenziosi del passare del tempo, le storie di Castelrotto vivevano ancora, echeggiando tra le vette come sussurri nel vento. E sebbene il mondo al di là potesse essere vasto e sconosciuto, qui in questo villaggio magico, circondato da amici e familiari, non c'era posto dove preferirebbero essere.

Tales from the Dolomites

In the heart of the Dolomites, where the jagged peaks reach towards the sky like ancient sentinels, lies the quaint village of Castelrotto. Nestled amidst rolling green meadows and forests of pine, it is a place where time seems to move at a slower pace, and the rhythms of nature guide the lives of its inhabitants.

In this picturesque village, where the air is crisp and clean, and the scent of wildflowers mingles with the aroma of freshly baked bread, lived a diverse cast of characters, each with their own stories to tell.

At the heart of the village stood the Gasthof zur Post, a charming inn with whitewashed walls and wooden shutters that creaked in the mountain breeze. Here, guests from far and wide would come to rest their weary bones after a day of hiking or skiing among the rugged peaks. The inn was run by Frau Anna, a warm-hearted woman with a twinkle in her eye and a knack for storytelling. With her hearty laugh and endless supply of homemade strudel, she welcomed guests like old friends, regaling them with tales of the village's past and the legends that whispered among the peaks.

One such legend was that of the Pale Rider, a mysterious figure said to roam the mountainside on moonlit nights, his cloak billowing behind him like a ghostly specter. Some claimed he was a guardian spirit, watching over the village and keeping its inhabitants safe from harm. Others whispered that he was a harbinger of doom, a warning of the dangers that lurked in the untamed wilderness beyond.

But amidst the legends and folklore, life in Castelrotto went on much as it always had. There was Sepp, the village blacksmith, whose strong hands could fashion the finest horseshoes in all the Dolomites. And Maria, the baker's daughter, whose smile could brighten even the gloomiest of days.

And then there was Hans, the village handyman, whose gruff exterior belied a heart of gold. With his faithful dog Fritz by his side, he could be found tinkering away in his workshop, repairing everything from broken windowpanes to worn-out sleds.

But perhaps the most intriguing character of all was Klaus, the village storyteller. With his wild mane of gray hair and piercing blue eyes, he cut a striking figure against the backdrop of the mountains. Klaus had lived in Castelrotto for as long as anyone could remember, and his tales were woven into the very fabric of the village's history.

On a crisp autumn evening, as the leaves turned to gold and the first snowflakes dusted the mountaintops, the villagers gathered in the square for the annual harvest festival. The air was filled with the sound of laughter and music as they danced beneath the twinkling lights strung between the wooden chalets.

As the festivities drew to a close, Frau Anna took her place by the fire, her eyes sparkling with anticipation. It was time for the storytelling to begin. With Klaus at her side, she began to spin a tale of love and loss, of heroes and villains, of triumphs and tragedies that had shaped the destiny of Castelrotto for generations. And as the fire crackled and the shadows danced upon the walls, the villagers listened with rapt attention, their imaginations carried away on wings of wonder.

For in the heart of the Dolomites, where the mountains stood as silent witnesses to the passage of time, the stories of Castelrotto lived on, echoing among the peaks like whispers on the wind. And though the world beyond may have been vast and unknowable, here in this magical village, surrounded by friends and family, there was no place they would rather be.

Tramonto a Venezia

Il sole scendeva basso sopra il Canal Grande, gettando un bagliore dorato sull'antica città di Venezia. Giovanni sedeva in un piccolo café, sorseggiando il suo espresso mentre guardava le gondole scivolare via, i loro remi fendendo le acque scintillanti.

Era venuto a Venezia cercando conforto dopo la guerra, sperando di trovare pace tra la bellezza decadente della città. Ma la pace sembrava sfuggente, persa tra le strade affollate e i passi echeggianti dei turisti.

Man mano che la serata passava, Giovanni si sentiva attratto dal suono delle risate che arrivavano da una trattoria vicina. Entrò, il profumo dell'aglio e dei pomodori riempiva i suoi sensi mentre prendeva posto al bancone.

Il barista, un uomo consumato con uno scintillio negli occhi, versò a Giovanni un bicchiere di vino rosso e fece un cenno verso un gruppo di locali riuniti intorno a un tavolo nell'angolo. "Unisciti a noi," disse, la sua voce roca per gli anni di fumo e risate.

Giovanni esitò per un momento, poi annuì, il suo cuore gravato dal peso dei ricordi ormai lontani. Ma mentre sedeva tra i locali, le loro risate riecheggiando nelle sue orecchie, sentì un barlume di speranza muoversi dentro di lui.

Perché nel calore della loro compagnia, Giovanni trovò un fugace senso di appartenenza, un promemoria che anche tra le rovine del passato, c'è ancora bellezza da trovare nelle gioie semplici della vita. E mentre il sole tramontava sulle acque veneziane, gettando una sfumatura cremisi nel cielo, Giovanni alzò il suo bicchiere in un brindisi silenzioso alla promessa di un nuovo giorno.

Sunset in Venice

The sun dipped low over the Grand Canal, casting a golden glow across the ancient city of Venice. Giovanni sat at a small café, sipping his espresso as he watched the gondolas glide by, their oars slicing through the shimmering waters.

He had come to Venice seeking solace after the war, hoping to find peace amidst the crumbling beauty of the city. But peace seemed elusive, lost amid the crowded streets and echoing footsteps of tourists.

As the evening wore on, Giovanni found himself drawn to the sound of laughter drifting from a nearby trattoria. He wandered inside, the scent of garlic and tomatoes filling his senses as he took a seat at the bar.

The bartender, a weathered man with a twinkle in his eye, poured Giovanni a glass of red wine and nodded towards a group of locals gathered around a table in the corner. "Join us," he said, his voice rough with years of smoke and laughter.

Giovanni hesitated for a moment, then nodded, his heart heavy with the weight of memories long past. But as he sat among the locals, their laughter ringing in his ears, he felt a glimmer of hope stirring within him.

For in the warmth of their company, Giovanni found a fleeting sense of belonging, a reminder that even amidst the ruins of the past, there is still beauty to be found in the simple joys of life. And as the sun set over the Venetian waters, casting a crimson hue across the sky, Giovanni raised his glass in silent toast to the promise of a new day.

Il Gelataio Stregone di Firenze

Nel cuore di Firenze, dove le strade lastricate si intrecciavano come un labirinto di segreti pronti ad essere scoperti, viveva un uomo singolare conosciuto come Gelato Giuseppe. La sua piccola gelateria, nascosta in un angolo dimenticato della città, non assomigliava a nessun'altra a Firenze: perché Gelato Giuseppe non era un gelataio qualunque, ma un mago delle delizie gelate.

Con i suoi capelli selvaggi e gli occhi scintillanti, Gelato Giuseppe spiccava nel mezzo delle sue creazioni colorate. Il suo carretto di gelato era una festa di sapori e colori, dal sorbetto di limone frizzante alla stracciatella di cioccolato ricco, ogni pallina più magica della precedente. Ma il vero talento di Gelato Giuseppe non risiedeva nei sapori che creava, bensì nelle storie che intrecciava attorno ad essi. Perché, vedete, Gelato Giuseppe credeva che ogni pallina di gelato avesse una storia da raccontare, un racconto che potesse trasportare chi lo gustava in terre lontane e spiagge remote.

E così, mentre i clienti facevano la fila fuori dalla sua gelateria, desiderosi di assaggiare le sue creazioni incantate, Gelato Giuseppe li intratteneva con storie di avventure e intrighi, tessendo magia in ogni parola finché non riuscivano più a distinguere dove finiva la realtà e cominciava l'immaginazione.

C'era il racconto di Gelato Alfonso, un esploratore audace che sfidava le vette insidiose delle Dolomiti alla ricerca delle elusive nocciole di pistacchio che crescevano solo alle altitudini più elevate. E poi c'era Gelato Sofia, una seduttrice misteriosa il cui bacio sapeva di fragole selvatiche e notti d'estate.

Ma forse la più famosa delle creazioni di Gelato Giuseppe era Gelato Marco, un ragazzino birichino con un debole per i guai e un cuore dolce come il miele. Secondo la leggenda, Gelato Marco una volta aveva rubato una pallina del gelato alle nocciole di Gelato Giuseppe e l'aveva nascosta nei passaggi segreti sotto la città, dove giaceva intatta per secoli finché non veniva scoperta da un gruppo di archeologi intrepidi alla ricerca di tesori perduti.

Mentre Gelato Giuseppe intrecciava i suoi racconti, la folla si stupiva e rideva, la loro immaginazione accesa dalla magia delle sue parole. E quando infine assaggiavano il suo gelato per la prima volta, venivano trasportati in un altro mondo completamente: un mondo di sapori e sensazioni, dove ogni gusto era una nuova avventura pronta per essere scoperta.

Ma la più grande avventura di Gelato Giuseppe doveva ancora venire. Un caldo pomeriggio d'estate, mentre era impegnato a preparare la sua ultima creazione - un sorbetto infuso con l'essenza delle pesche mature al sole - ricevette la visita di uno straniero misterioso.

Lo straniero era alto e magro, con occhi affossati che sembravano bruciare di un fuoco interiore. Si presentò come Signor Luciano, un potente mago che aveva sentito parlare delle creazioni leggendarie di Gelato Giuseppe ed era venuto a cercare il suo aiuto.

Signor Luciano spiegò di essere in possesso di un ingrediente raro e magico - una polvere lucente raccolta dai petali di un fiore lunare che sbocciava solo una volta ogni cent'anni. Credeva che con l'aiuto di Gelato Giuseppe, potesse usare questa polvere per creare il gelato più potente che il mondo avesse mai visto - un gelato che potesse concedere al mangiatore i suoi desideri più profondi.

Inizialmente, Gelato Giuseppe era scettico. Aveva sempre creduto che il suo gelato fosse già abbastanza magico così com'era, e guardava con sospetto a interferire con forze al di là del suo controllo. Ma Signor Luciano era persistente, e promise a Gelato Giuseppe ricchezze al di là dei suoi sogni più selvaggi se avesse accettato di aiutarlo.

E così, contro il suo migliore giudizio, Gelato Giuseppe accettò la richiesta del mago. Insieme, si misero al lavoro, mescolando la polvere di fiore lunare con i migliori ingredienti da tutti gli angoli d'Italia - fragole mature dalle colline della Toscana, cioccolato vellutato dalle coste della Sicilia e vaniglia fragrante dai frutteti di Napoli.

Mentre lavoravano, Gelato Giuseppe non riusciva a scuotersi la sensazione che qualcosa non andasse. L'aria scintillava di elettricità, e poteva sentire un'oscurità che si nascondeva sotto la superficie del sorriso di Signor Luciano.

Ma prima che potesse esprimere le sue preoccupazioni, era troppo tardi. Con un gesto della mano, Signor Luciano lanciò un incantesimo sul gelato, infondendogli il potere della polvere di fiore lunare e intrappolando Gelato Giuseppe nel suo abbraccio ghiacciato.

Per giorni, Gelato Giuseppe rimase intrappolato nelle profondità ghiacciate della sua stessa creazione, la mente avvolta da visioni di galassie vorticose e stelle lontane. Ma anche nei momenti più bui, si aggrappava al ricordo della sua amata gelateria e alla gioia che aveva portato a così tanti.

E poi, proprio quando sembrava che ogni speranza fosse persa, accadde un miracolo. Il gelato cominciò a sciogliersi, la sua presa ghiacciata allentata dal calore del sole che filtrava attraverso le crepe nei muri della gelateria.

Con uno sforzo titanico, Gelato Giuseppe si liberò dalla sua prigione ghiacciata, il cuore che batteva di sollievo mentre usciva alla luce del sole. Signor Luciano non si vedeva da nessuna parte, la sua magia oscura sconfitta dal potere dello spirito indomabile di Gelato Giuseppe.

E mentre Gelato Giuseppe osservava le rovine della sua amata gelateria, sapeva di aver ricevuto una seconda possibilità: una possibilità di ricominciare da capo e di condividere di nuovo la magia del suo gelato con il mondo.

Con un sorriso sul volto e uno scintillio negli occhi, Gelato Giuseppe si mise al lavoro per ricostruire la sua gelateria, determinato a creare sapori che avrebbero abbagliato i sensi e deliziato l'anima. E mentre la folla tornava ad affollarsi fuori dalla sua porta, ansiosa di assaggiare le sue creazioni incantate, Gelato Giuseppe sapeva di aver trovato la sua vera vocazione: diffondere gioia e felicità attraverso il potere del gelato, una pallina alla volta.

The Gelato Wizard of Florence

In the heart of Florence, where the cobbled streets twisted and turned like a labyrinth of secrets waiting to be discovered, there lived a peculiar man known as Gelato Giuseppe. His tiny gelateria, tucked away in a forgotten corner of the city, was unlike any other in Florence – for Gelato Giuseppe was no ordinary gelato maker, he was a wizard of frozen delights.

With his wild hair and twinkling eyes, Gelato Giuseppe cut a striking figure against the backdrop of his colorful creations. His gelato cart was a riot of flavors and colors, from zesty lemon sorbetto to rich chocolate stracciatella, each scoop more magical than the last.

But Gelato Giuseppe's true talent lay not in the flavors he created, but in the stories he wove around them. For you see, Gelato Giuseppe believed that every scoop of gelato had a tale to tell, a story that could transport the eater to faraway lands and distant shores.

And so, as customers lined up outside his gelateria, eager for a taste of his enchanted creations, Gelato Giuseppe would regale them with tales of adventure and intrigue, weaving magic into every word until they could scarcely tell where reality ended and imagination began.

There was the tale of Gelato Alfonso, a daring explorer who braved the treacherous peaks of the Dolomites in search of the elusive pistachio nuts that grew only at the highest altitudes. And then there was Gelato Sofia, a mysterious seductress whose kiss tasted of wild strawberries and summer nights.

But perhaps the most famous of Gelato Giuseppe's creations was Gelato Marco, a mischievous young boy with a penchant for trouble and a heart as sweet as honey. According to legend, Gelato Marco had once stolen a scoop of Gelato Giuseppe's prized hazelnut gelato and hidden it away in the secret passageways beneath the city, where it lay untouched for centuries until it was discovered by a group of intrepid archaeologists searching for lost treasures.

As Gelato Giuseppe spun his tales, the crowds would gasp and laugh, their imaginations ignited by the magic of his words. And when they finally took their first bite of his gelato, they would be transported to another world entirely – a world of flavor and sensation, where every taste was a new adventure waiting to be discovered.

But Gelato Giuseppe's greatest adventure was yet to come. One hot summer's day, as he was busy concocting his latest masterpiece – a sorbetto infused with the essence of sun-ripened peaches – he received a visit from a mysterious stranger.

The stranger was tall and gaunt, with sunken eyes that seemed to burn with an inner fire. He introduced himself as Signor Luciano, a powerful sorcerer who had heard tales of Gelato Giuseppe's legendary creations and had come seeking his assistance.

Signor Luciano explained that he was in possession of a rare and magical ingredient – a shimmering powder harvested from the petals of a moonflower that bloomed only once every hundred years. He believed that with Gelato Giuseppe's help, he could use this powder to create the most powerful gelato the world had ever seen – a gelato that could grant the eater their deepest desires.

At first, Gelato Giuseppe was skeptical. He had always believed that his gelato was magic enough as it was, and he was wary of meddling with forces beyond his control. But Signor Luciano was persistent, and he promised Gelato Giuseppe riches beyond his wildest dreams if he agreed to help him.

And so, against his better judgment, Gelato Giuseppe agreed to the sorcerer's request. Together, they set to work, mixing the moonflower powder with the finest ingredients from all corners of Italy – ripe strawberries from the hills of Tuscany, velvety chocolate from the shores of Sicily, and fragrant vanilla from the orchards of Naples.

As they worked, Gelato Giuseppe couldn't shake the feeling that something was amiss. The air crackled with electricity, and he could sense a darkness lurking beneath the surface of Signor Luciano's smile.

But before he could voice his concerns, it was too late. With a flick of his wrist, Signor Luciano cast a spell over the gelato, infusing it with the power of the moonflower powder and trapping Gelato Giuseppe within its icy embrace.

For days, Gelato Giuseppe lay trapped in the frozen depths of his own creation, his mind swirling with visions of swirling galaxies and distant stars. But even in the darkest moments, he clung to the memory of his beloved gelateria, and the joy it had brought to so many.

And then, just when all hope seemed lost, a miracle occurred. The gelato began to melt, its icy grip loosening as the warmth of the sun filtered through the cracks in the walls of the gelateria.

With a mighty effort, Gelato Giuseppe broke free from his icy prison, his heart pounding with relief as he stumbled out into the sunlight. Signor Luciano was nowhere to be seen, his dark magic vanquished by the power of Gelato Giuseppe's indomitable spirit.

And as Gelato Giuseppe surveyed the ruins of his beloved gelateria, he knew that he had been given a second chance – a chance to start anew, and to share the magic of his gelato with the world once more.

With a smile on his face and a twinkle in his eye, Gelato Giuseppe set to work rebuilding his gelateria, determined to create flavors that would dazzle the senses and delight the soul. And as the crowds once again began to gather outside his door, eager for a taste of his enchanted creations, Gelato Giuseppe knew that he had found his true calling – to spread joy and happiness through the power of gelato, one scoop at a time.

La Vigna Toscana

Nelle colline baciata dal sole della Toscana, dove la terra sembrava ronzare con la promessa della vita, giaceva una vigna nota come Il Paradiso. Incastonata tra colline ondulate e campi di grano dorato, era un luogo di bellezza ineguagliabile e fascino senza tempo.

Al centro dell'Il Paradiso sorgeva la Villa Rosa, una tenuta spaziosa con tetti in terracotta e mura ricoperte di edera che sembravano protendersi verso il cielo come braccia tese. Qui, tra le viti sussurrate e gli oliveti profumati, viveva il Marchese Giovanni de Rossi, un uomo di ricchezza e influenza il cui nome era conosciuto in tutto il paese.

Ma nonostante il suo successo esteriore, il Marchese portava un peso grave sulle sue spalle: il ricordo di un amore perduto tempo addietro, un amore che aveva spezzato il suo cuore in due e lasciato solo rimpianti.

Il suo nome era Isabella, una giovane donna bella con gli occhi del colore del Mar Mediterraneo e uno spirito selvaggio e indomito come i venti toscani. Dal momento che Giovanni l'aveva vista, sapeva che lei era quella che teneva la chiave del suo cuore.

Per un periodo, il loro amore bruciò luminoso come il sole sopra di loro, riempiendo l'aria di risate e canti. Si aggiravano mano nella mano tra i vigneti, i loro passi echeggiavano nei silenziosi corridoi della Villa Rosa mentre sognavano un futuro insieme.

Ma il destino, sembrava, aveva altri piani. In un crudele capovolgimento del destino, Isabella fu strappata dalle braccia di Giovanni, lasciandolo con nient'altro che ricordi e il sapore amaro della perdita sulle labbra.

E così, Giovanni voltò le spalle all'amore, seppellendosi nel lavoro e dedicandosi alle vigne che erano state il lascito della sua famiglia per generazioni. Ma per quanto cercasse, non riusciva a sfuggire ai fantasmi del passato, gli echi delle risate di Isabella che lo tormentavano come una melodia che non poteva dimenticare.

Gli anni passarono, e Giovanni rimase ancora intrappolato nella prigione della sua stessa creazione, il suo cuore chiuso alla possibilità che l'amore lo trovasse di nuovo. Ma il destino, sembrava, aveva altri piani.

Una calda sera d'estate, mentre il sole tramontava all'orizzonte e gettava un bagliore dorato sulle vigne dell'Il Paradiso, uno sconosciuto arrivò alle porte della Villa Rosa. Era una giovane donna di nome Sophia, con gli occhi verdi come le viti e un sorriso che poteva illuminare la notte più buia.

Dal momento che Giovanni l'aveva vista, sentì un brulichio nell'anima, una scintilla dimenticata da tempo di speranza che credeva fosse stata spenta per sempre. Con il passare dei giorni, Sophia lavorava instancabilmente al suo fianco nelle vigne, la sua risata che riempiva l'aria come la più dolce delle melodie.

E mentre lavoravano fianco a fianco, Giovanni si sentiva attratto da Sophia in modi che non poteva spiegare. Portava luce nella sua vita dove c'era stata solo oscurità, e con il passare dei giorni, sentiva che i muri intorno al suo cuore cominciavano a sgretolarsi.

Ma per quanto tentasse di negarlo, Giovanni non poteva sfuggire alla verità: che Sophia aveva risvegliato qualcosa dentro di lui, qualcosa che credeva fosse morto e sepolto da tempo. E mentre guardava nei suoi occhi e vedeva il riflesso del suo stesso desiderio che lo fissava, sapeva che non poteva più negare l'amore che lo aveva aspettato tutto il tempo.

Con Sophia al suo fianco, Giovanni aprì il suo cuore alla possibilità dell'amore una volta di più, permettendosi di essere trascinato via da una marea di passione e desiderio. E mentre vagavano mano nella mano tra le vigne dell'Il Paradiso, le loro risate che si mescolavano al fruscio delle foglie e al dolce ronzio della terra, Giovanni sapeva che aveva finalmente trovato il suo pezzo di paradiso tra le colline toscane.

The Tuscan Vineyard

In the sun-drenched hills of Tuscany, where the earth seemed to hum with the promise of life, lay a vineyard known as Il Paradiso. Nestled amidst rolling hills and fields of golden wheat, it was a place of unrivaled beauty and timeless charm.

At the heart of Il Paradiso stood the Villa Rosa, a sprawling estate with terracotta roofs and ivy-covered walls that seemed to stretch towards the sky like outstretched arms. Here, amidst the whispering vines and fragrant olive groves, lived the Marchese Giovanni de Rossi, a man of wealth and influence whose name was known throughout the land.

But despite his outward success, the Marchese bore a heavy burden upon his shoulders – the memory of a love lost long ago, a love that had torn his heart in two and left him with nothing but regrets.

Her name was Isabella, a beautiful young woman with eyes the color of the Mediterranean Sea and a spirit as wild and untamed as the Tuscan winds. From the moment Giovanni laid eyes on her, he knew that she was the one who held the key to his heart.

For a time, their love burned bright like the sun overhead, filling the air with laughter and song. They wandered hand in hand through the vineyards, their footsteps echoing through the silent halls of the Villa Rosa as they dreamed of a future together.

But fate, it seemed, had other plans. In a cruel twist of destiny, Isabella was torn from Giovanni's arms, leaving him with nothing but memories and the bitter taste of loss upon his lips.

And so, Giovanni turned his back on love, burying himself in his work and devoting himself to the vineyards that had been his family's legacy for generations. But try as he might, he could not escape the ghosts of the past, the echoes of Isabella's laughter haunting him like a melody he could not forget.

Years passed, and still Giovanni remained trapped in the prison of his own making, his heart closed off to the possibility of love ever finding him again. But fate, it seemed, had other plans.

One warm summer evening, as the sun dipped below the horizon and cast a golden glow over the vineyards of Il Paradiso, a stranger arrived at the gates of the Villa Rosa. She was a young woman named Sophia, with eyes as green as the vines and a smile that could light up the darkest night.

From the moment Giovanni laid eyes on her, he felt a stirring in his soul, a long-forgotten spark of hope that he had thought extinguished forever. With each passing day, Sophia worked tirelessly alongside him in the vineyards, her laughter filling the air like the sweetest of melodies.

And as they toiled side by side, Giovanni found himself drawn to Sophia in ways he could not explain. She brought light into his life where there had been darkness, and with each passing day, he felt the walls around his heart beginning to crumble.

But try as he might to deny it, Giovanni could not escape the truth – that Sophia had awakened something within him, something he had thought long dead and buried. And as he looked into her eyes and saw the reflection of his own longing staring back at him, he knew that he could no longer deny the love that had been waiting for him all along.

With Sophia by his side, Giovanni opened his heart to the possibility of love once more, allowing himself to be swept away on a tide of passion and desire. And as they wandered hand in hand through the vineyards of Il Paradiso, their laughter mingling with the rustle of the leaves and the gentle hum of the earth, Giovanni knew that he had finally found his own piece of paradise amidst the rolling hills of Tuscany.

Un Addio a Firenze

Le strette strade di Firenze risuonavano con i passi dei turisti e dei locali, il profumo del pane appena sfornato si mescolava con l'aroma dell'espresso che si diffondeva dai caffè che fiancheggiavano le strade lastricate di selciato.

Antonio sedeva a un tavolino d'angolo, la sua macchina da scrivere poggiata sulle gambe mentre batteva, le parole fluivano dalla sua mente sulla pagina come l'Arno che serpeggiava attraverso la città. Era venuto a Firenze cercando ispirazione, sperando di catturare l'essenza della città nella sua scrittura prima di doverla salutare.

Ma con il passare dei giorni, Antonio si trovò diviso tra la bellezza di Firenze e il richiamo di casa. Il suo cuore bramava i luoghi familiari e i suoni del suo villaggio nella campagna toscana, il conforto della cucina di sua madre e le risate dei suoi amici.

Una sera, mentre il sole scendeva sotto l'orizzonte, Antonio si avventurò fino al Ponte Vecchio, l'antico ponte che attraversava il fiume. Si appoggiò alla ringhiera di pietra, la fresca brezza che gli scompigliava i capelli mentre contemplava la città che si estendeva davanti a lui.

E in quel momento, mentre le campane del Duomo suonavano in lontananza, Antonio prese la sua decisione. Avrebbe detto addio a Firenze, ma avrebbe portato con sé la sua bellezza per sempre, come un ricordo prezioso nascosto tra le pagine del suo cuore.

Con un sospiro, Antonio si allontanò dal ponte e si incamminò di nuovo attraverso le strade tortuose di Firenze, il clic-clac della sua macchina da scrivere risuonava nelle sue orecchie mentre si imbarcava sul capitolo successivo del suo viaggio.

A Farewell to Florence

The narrow streets of Florence echoed with the footsteps of tourists and locals alike, the scent of freshly baked bread mingling with the aroma of espresso wafting from the cafés that lined the cobblestone roads.

Antonio sat at a corner table, his typewriter perched on his lap as he tapped away, the words flowing from his mind onto the page like the Arno river winding its way through the city. He had come to Florence seeking inspiration, hoping to capture the essence of the city in his writing before he had to bid it farewell.

But as the days passed, Antonio found himself torn between the beauty of Florence and the pull of home. His heart ached for the familiar sights and sounds of his village in the Tuscan countryside, the comfort of his mother's cooking and the laughter of his friends.

One evening, as the sun dipped below the horizon, Antonio wandered to the Ponte Vecchio, the ancient bridge that spanned the river. He leaned against the stone railing, the cool breeze ruffling his hair as he gazed out at the city spread out before him.

And in that moment, as the bells of the Duomo tolled in the distance, Antonio made his decision. He would bid farewell to Florence, but he would carry its beauty with him always, like a cherished memory tucked away in the pages of his heart.

With a sigh, Antonio turned away from the bridge and made his way back through the winding streets of Florence, the click-clack of his typewriter echoing in his ears as he embarked on the next chapter of his journey.

La Strada per Roma

Il sole pendeva basso sull'orizzonte, gettando lunghe ombre lungo le tortuose strade d'Italia mentre Luca faceva girare il motore della sua vecchia Fiat rattoppata. Era stato in viaggio per giorni, il suo viaggio lo aveva portato dalle affollate strade di Milano ai sonnolenti villaggi della Toscana e ora, finalmente, alla antica città di Roma.

Luca era un viaggiatore, un uomo senza destinazione e senza piano, guidato solo dal richiamo della strada aperta e dalla promessa di avventura che si celava ad ogni curva. Aveva lasciato alle spalle i conforti di casa in cerca di qualcosa di più, qualcosa di sfuggente e indefinibile che gli sussurrava nel fruscio delle foglie e nel canto delle cicale.

Guidando, Luca sentiva un senso di libertà invaderlo, il vento tra i capelli e la strada aperta che si stendeva davanti a lui come una tela bianca pronta ad essere dipinta con i colori della sua immaginazione. Non aveva né mappa né GPS, solo le stelle a guidarlo nel suo viaggio.

E così, con l'emozione dell'ignoto che gli scorreva nelle vene, Luca continuò, gli occhi fissi all'orizzonte mentre correva verso il cuore dell'Italia. Lungo il cammino, incontrò ogni tipo di personaggio: da viaggiatori stanchi che facevano l'autostop verso destinazioni lontane a venditori ambulanti che vendevano le loro merci sotto il sole cocente.

Ma in mezzo al caos della strada, c'era un incontro che sarebbe rimasto con Luca anche dopo che il suo viaggio fosse finito. Successe su una polverosa strada di campagna da qualche parte tra le colline dell'Umbria, dove Luca vide una figura che si trovava sul ciglio della strada, il pollice teso in cerca di un passaggio.

Senza esitazione, Luca si fermò e offrì all'estraneo un passaggio. Era un giovane con una ciocca di capelli ribelli e un sorriso che sembrava illuminare l'intera campagna. Si chiamava Alessandro, ed era un poeta, o almeno così diceva.

Guidando, Alessandro raccontava a Luca racconti dei suoi viaggi: di notti passate sotto le stelle in terre straniere e giorni pieni del profumo inebriante di spezie esotiche e del riso di estranei. Parlava di amore e perdita, di sogni inseguiti e sogni abbandonati, le sue parole fluivano come poesie dalle sue labbra.

E mentre si avvicinavano a Roma, Luca sentiva una complicità con Alessandro, un senso di cameratismo nato dal loro amore condiviso per la strada aperta e le infinite possibilità che essa offriva. Ridevano e parlavano fino a tarda notte, le loro voci mescolandosi con il ronzio del motore e il ritmo delle gomme sull'asfalto.

Finalmente, mentre le luci di Roma si facevano vedere, Luca sapeva che il suo viaggio stava giungendo al termine. Ma mentre diceva addio ad Alessandro e scendeva nelle affollate strade della città, sapeva che la sua avventura era lontana dall'essere finita.

Perché nelle strade di Roma, tra le antiche rovine e la vibrante energia della città, Luca scoprì un nuovo senso di scopo: il desiderio di esplorare non solo il mondo intorno a lui, ma anche le profondità della sua anima. E mentre vagava per le strade lastricate di selci, il suo cuore pieno degli echi di tutti coloro che avevano percorso quella strada prima di lui, sapeva che la strada davanti a lui era piena di infinite possibilità, pronte ad essere scoperte ad ogni passo che faceva.

The Road to Rome

The sun hung low on the horizon, casting long shadows across the winding roads of Italy as Luca revved the engine of his beat-up Fiat. He had been on the road for days, his journey taking him from the bustling streets of Milan to the sleepy villages of Tuscany, and now, finally, to the ancient city of Rome.

Luca was a traveler, a man with no destination and no plan, guided only by the call of the open road and the promise of adventure that lay around every bend. He had left behind the comforts of home in search of something more, something elusive and indefinable that whispered to him in the rustle of the leaves and the hum of the cicadas.

As he drove, Luca felt a sense of freedom wash over him, the wind in his hair and the open road stretching out before him like a blank canvas waiting to be painted with the colors of his imagination. He had no map, no GPS, only the stars to guide him on his journey.

And so, with the thrill of the unknown coursing through his veins, Luca pressed on, his eyes fixed on the horizon as he raced towards the heart of Italy. Along the way, he encountered all manner of characters – from weary travelers hitchhiking their way to distant destinations to roadside vendors selling their wares beneath the sweltering sun.

But amidst the chaos of the road, there was one encounter that would stay with Luca long after his journey had ended. It happened on a dusty back road somewhere in the hills of Umbria, where Luca spotted a figure standing by the side of the road, his thumb outstretched in search of a ride.

Without hesitation, Luca pulled over and offered the stranger a lift. He was a young man with a shock of unruly hair and a grin that seemed to light up the entire countryside. His name was Alessandro, and he was a poet – or so he claimed.

As they drove, Alessandro regaled Luca with tales of his travels – of nights spent under the stars in foreign lands and days filled with the heady aroma of exotic spices and the laughter of strangers. He spoke of love and loss, of dreams chased and dreams abandoned, his words flowing like poetry from his lips.

And as they neared Rome, Luca felt a kinship with Alessandro, a sense of camaraderie born of their shared love of the open road and the endless possibilities it held. They laughed and talked late into the night, their voices mingling with the hum of the engine and the rhythm of the tires on the pavement.

Finally, as the lights of Rome came into view, Luca knew that his journey was coming to an end. But as he bid farewell to Alessandro and stepped out into the bustling streets of the city, he knew that his adventure was far from over.

For in the streets of Rome, amidst the ancient ruins and the vibrant energy of the city, Luca discovered a new sense of purpose – a desire to explore not just the world around him, but the depths of his own soul. And as he wandered the cobblestone streets, his heart filled with the echoes of all those who had walked this path before him, he knew that the road ahead was filled with endless possibilities, waiting to be discovered with each step he took.

Estate Siciliana

Nel caldo afoso di un'estate siciliana, Maria si ritrovò a vagare per le strade illuminate dal sole di Palermo, i suoi pensieri vagavano come il profumo dei fiori d'arancio trasportati dalla brezza calda.

Era venuta in Sicilia cercando rifugio dal rumore e dal caos del mondo, sperando di perdersi nei vicoli labirintici e nei cortili nascosti dell'antica città. Ma mentre vagava, Maria si trovò tormentata dai ricordi di estati passate, di giorni pigri trascorsi all'ombra degli ulivi e serate colme di risate e musica.

Quando il sole raggiunse il suo zenit, Maria cercò rifugio in una tranquilla trattoria nascosta in un angolo dimenticato della città. Prese posto vicino alla finestra, la luce filtrante danzava sul tavolo di legno consumato mentre sorseggiava il suo espresso in silenzio.

All'esterno, il mondo sembrava pulsare di vita, l'andirivieni della città echeggiava in lontananza come un ricordo lontano. Ma all'interno dell'abbraccio fresco della trattoria, Maria trovò un fugace senso di pace, un momento di quiete in mezzo al caos del mondo.

E mentre sedeva lì, persa nei suoi pensieri, Maria sentì un leggero strattone al cuore, un sussurro di nostalgia per le estati della sua giovinezza e la promessa di possibilità infinite che giacevano appena oltre l'orizzonte.

Sicilian Summers

In the sultry heat of a Sicilian summer, Maria found herself wandering the sun-drenched streets of Palermo, her thoughts drifting like the scent of orange blossoms carried on the warm breeze.

She had come to Sicily seeking refuge from the noise and chaos of the world, hoping to lose herself in the labyrinthine alleys and hidden courtyards of the ancient city. But as she wandered, Maria found herself haunted by memories of summers long past, of lazy days spent beneath the shade of olive trees and evenings filled with laughter and music.

As the sun reached its zenith, Maria sought shelter in a quiet trattoria tucked away in a forgotten corner of the city. She took a seat by the window, the dappled light dancing across the worn wooden table as she sipped her espresso in silence.

Outside, the world seemed to pulse with life, the hustle and bustle of the city echoing in the distance like a distant memory. But within the cool embrace of the trattoria, Maria found a fleeting sense of peace, a moment of stillness amidst the chaos of the world.

And as she sat there, lost in thought, Maria felt a gentle tug at her heart, a whisper of longing for the summers of her youth and the promise of endless possibilities that lay just beyond the horizon.

Venezia

Nelle strade di Venezia, dove i canali si torcevano come fili intrecciati del destino e gli edifici antichi pendevano precariamente sotto il peso dei secoli, viveva un uomo di nome Marco. Era una figura solitaria, i suoi passi echeggiavano per i vicoli vuoti come sussurri da un altro tempo.

Marco era un sognatore, un uomo tormentato dai ricordi di un passato che non poteva dimenticare e un futuro che non poteva immaginare. Ogni giorno, vagava per le strade di Venezia, la sua mente alla deriva su un mare di facce semirimembrate e fotografie sbiadite.

Ma in mezzo al caos della città, c'era un posto dove Marco trovava pace: un cortile nascosto dietro una facciata che cadeva a pezzi, dove il tempo sembrava fermarsi e l'aria era densa del profumo di gelsomino e acqua salata.

Era qui, in mezzo alle statue in rovina e all'edera crescente, che Marco si sedeva ad osservare il mondo passare, perso nei suoi pensieri e ricordi. Tracciava le linee degli edifici antichi con le dita, immaginando le vite che erano state vissute tra quelle mura e le storie che avevano da raccontare.

E poi, un giorno, mentre Marco era perso in reverie, sentì una voce chiamare il suo nome. Sorpreso, alzò gli occhi per vedere una figura emergere dalle ombre: una donna dagli occhi del colore del Mare Adriatico e un sorriso che sembrava illuminare il cortile come un faro nel buio.

Il suo nome era Isabella, ed era diversa da chiunque Marco avesse mai conosciuto. Con il suo riso e la sua vivacità, portava nuova vita negli angoli dimenticati di Venezia, riempiendo l'aria di un senso di possibilità e speranza.

Anche per Isabella, però, c'era il suo fardello di ricordi e rimpianti, il suo cuore gravato dal peso del passato. Ma con Marco al suo fianco, trovava la forza di affrontare i demoni che l'avevano tormentata per così tanto tempo, e insieme intraprendevano un viaggio attraverso il tempo e lo spazio, esplorando gli angoli nascosti di Venezia e scoprendo i segreti che si celavano sotto la sua superficie.

Mentre vagavano mano nella mano per le strade strette e i canali tortuosi, Marco e Isabella scoprirono che il passato non era qualcosa da temere, ma da abbracciare - un intreccio di ricordi e esperienze che plasmarono chi erano e chi sarebbero diventati.

E mentre stavano insieme sulle rive del Canal Grande, guardando il sole sprofondare sotto l'orizzonte e dipingere il cielo con sfumature d'oro e cremisi, Marco e Isabella sapevano di aver trovato qualcosa di cui valeva la pena tenere stretto.

Venice

In the streets of Venice, where the waterways twisted like tangled threads of fate and the ancient buildings leaned precariously against the weight of centuries, lived a man named Marco. He was a solitary figure, his footsteps echoing through the empty alleys like whispers from another time.

Marco was a dreamer, a man haunted by memories of a past he could not forget and a future he could not imagine. Each day, he wandered the streets of Venice, his mind adrift on a sea of half-remembered faces and faded photographs.

But amidst the chaos of the city, there was one place where Marco found solace – a hidden courtyard tucked away behind a crumbling façade, where time seemed to stand still and the air was heavy with the scent of jasmine and saltwater.

It was here, amidst the crumbling statues and overgrown ivy, that Marco would sit and watch the world go by, lost in his own thoughts and memories. He would trace the lines of the ancient buildings with his fingers, imagining the lives that had been lived within their walls and the stories they had to tell.

And then, one day, as Marco sat lost in reverie, he heard a voice calling his name. Startled, he looked up to see a figure emerging from the shadows – a woman with eyes the color of the Adriatic Sea and a smile that seemed to light up the courtyard like a beacon in the darkness.

Her name was Isabella, and she was unlike anyone Marco had ever known. With her laughter and her zest for life, she breathed new life into the forgotten corners of Venice, filling the air with a sense of possibility and hope.

For Isabella, too, carried her own burden of memories and regrets, her heart weighed down by the weight of the past. But with Marco by her side, she found the strength to face the demons that had haunted her for so long, and together they embarked on a journey through time and space, exploring the hidden corners of Venice and uncovering the secrets that lay hidden beneath its surface.

As they wandered hand in hand through the narrow streets and winding canals, Marco and Isabella discovered that the past was not something to be feared, but something to be embraced – a tapestry of memories and experiences that shaped who they were and who they would become.

And as they stood together on the shores of the Grand Canal, watching the sun sink below the horizon and painting the sky with hues of gold and crimson, Marco and Isabella knew that they had found something worth holding onto.

Notturno Veneziano

Nel labirinto di viuzze veneziane, Elena vagava come un fantasma nella notte illuminata dalla luna, i suoi passi appena udibili contro i selciati consumati. La città era viva con i sussurri del suo passato, gli echi di segreti secolari che persistevano nell'ombra.

Elena era sempre stata attratta dalla tranquilla bellezza di Venezia, dal modo in cui i canali luccicavano alla luce della luna e i palazzi si ergevano come sentinelle contro il trascorrere del tempo. Ma questa sera, sotto il mantello dell'oscurità, sentì un brivido nell'anima, un desiderio per qualcosa al di là dei confini della sua esistenza monotona.

Mentre vagava, Elena si sentì attratta verso Piazza San Marco, la sua grandiosità avvolta nella soffice luce delle lampade. Si soffermò sotto gli archi del Palazzo Ducale, le dita che accarezzavano leggermente la pietra antica mentre si perdeva nella bellezza della notte.

E poi, come per magia, le note di un violino si diffusero nell'aria, la loro malinconica melodia intrecciandosi nel cuore di Elena. Seguì il suono fino a un cortile nascosto dietro i palazzi, dove un musicista solitario si trovava sotto un baldacchino di stelle, il suo arco danzava sulle corde con un'eleganza eterea.

Per un istante, Elena rimase trasognata, il respiro sospeso mentre la musica la avvolgeva come una marea gentile. E in quel momento, in mezzo all'antica bellezza di Venezia, sentì un senso di appartenenza, una connessione a qualcosa di più grande di lei stessa.

Mentre le ultime note del violino svanivano nella notte, Elena chiuse gli occhi e sussurrò un voto silenzioso di custodire questo momento fugace, di tenerlo stretto come un gioiello prezioso nascosto nelle profondità della sua anima. E con quello, si voltò e scomparve nell'ombra, il cuore pieno della promessa di nuovi inizi e dell'eterna attrattiva di Venezia.

Venetian Nocturne

In the labyrinthine maze of Venetian alleyways, Elena roamed like a ghost in the moonlit night, her footsteps barely audible against the worn cobblestones. The city was alive with the whispers of its past, the echoes of centuries-old secrets lingering in the shadows.

Elena had always been drawn to the quiet beauty of Venice, to the way the canals shimmered in the moonlight and the palazzos stood sentinel against the passage of time. But tonight, beneath the cloak of darkness, she felt a stirring in her soul, a yearning for something beyond the confines of her mundane existence.

As she wandered, Elena found herself drawn to the Piazza San Marco, its grandeur bathed in the soft glow of lamplight. She lingered beneath the arches of the Doge's Palace, her fingers trailing lightly over the ancient stone as she lost herself in the beauty of the night.

And then, as if by magic, the strains of a violin floated through the air, their melancholy melody weaving its way into Elena's heart. She followed the sound to a hidden courtyard tucked away behind the palazzos, where a lone musician stood beneath a canopy of stars, his bow dancing across the strings with an ethereal grace.

For a moment, Elena stood transfixed, her breath catching in her throat as the music washed over her like a gentle tide. And in that moment, amidst the ancient beauty of Venice, she felt a sense of belonging, a connection to something greater than herself.

As the last notes of the violin faded into the night, Elena closed her eyes and whispered a silent vow to cherish this fleeting moment, to hold onto it like a precious jewel hidden within the depths of her soul. And with that, she turned and disappeared into the shadows, her heart filled with the promise of new beginnings and the timeless allure of Venice.

Il Viaggio dell'Alchimista

In un piccolo villaggio incastonato tra le colline ondulate della Toscana, viveva un giovane di nome Luca. Era un sognatore, con gli occhi che scintillavano come le stelle e un cuore che bramava l'avventura. Ma nonostante il suo desiderio di esplorare il mondo al di là dei confini del suo villaggio, Luca era vincolato dalle tradizioni e dalle aspettative della sua famiglia.

Da generazioni, gli uomini della famiglia di Luca erano stati fabbri, forgianti utensili e armi per i contadini e i soldati che abitavano la campagna circostante. E anche se Luca aveva ereditato le abilità del padre alla forgia, la sua vera passione giaceva altrove: nell'antica arte dell'alchimia.

Fin da giovane, Luca era stato affascinato dai misteri del mondo naturale, dai segreti nascosti nella terra e nelle stelle sopra. Trascorreva ore a consultare tomi impolverati nella biblioteca del villaggio, studiando le opere di alchimisti da tempo morti e sognando il giorno in cui avrebbe svelato i segreti dell'universo.

Ma con il passare degli anni e il crescere di Luca, il peso delle aspettative della sua famiglia pesava su di lui come un pesante fardello. Suo padre, un uomo severo e pratico, aveva poca pazienza per i sogni di alchimia di suo figlio, esortandolo invece a concentrarsi sulle attività familiari e a portare avanti le tradizioni dei suoi antenati.

E così, Luca mise a malincuore da parte i suoi sogni di alchimia e prese martello e incudine, forgendo spade e aratri con mani che desideravano toccare le stelle. Ma per quanto cercasse di reprimere il fuoco che ardeva dentro di lui, Luca non poteva sfuggire al richiamo del suo vero destino.

Una notte fatale, mentre Luca giaceva sotto la volta stellata che si estendeva nel cielo come un tessuto luccicante, prese una decisione. Avrebbe intrapreso un viaggio per scoprire i segreti dell'alchimia per conto suo, per cercare il leggendario Alchimista dell'Oriente e imparare il vero significato del suo destino.

Con poco più di uno zaino appeso sulla spalla e un cuore pieno di determinazione, Luca si avventurò nel mondo, il suo cammino illuminato dalla luce delle stelle sopra. Viaggiò per giorni e notti, attraverso montagne e deserti, attraverso città affollate e foreste silenziose, guidato solo dai sussurri del vento e dai battiti del suo cuore.

Lungo il cammino, Luca incontrò ogni tipo di personaggio: saggi saggi e umili contadini, menestrelli erranti e misteriosi estranei che sembravano apparire dal nulla. Ogni incontro gli insegnò qualcosa di nuovo, aprendo i suoi occhi alle meraviglie del mondo e alle infinite possibilità che si stagliavano davanti a lui.

Ma non fu fino a quando raggiunse l'antica città di Firenze, con le sue strette strade e le sue alte cattedrali, che il viaggio di Luca ebbe davvero inizio. Perché fu qui, tra il trambusto della città, che incontrò un saggio vecchio alchimista che lo prese sotto la sua ala e gli insegnò i segreti dell'universo.

Sotto la guida dell'alchimista, Luca imparò a sfruttare il potere degli elementi: a trasmutare metalli base in oro, a guarire gli ammalati e a riparare i danni, e a sbloccare il potenziale nascosto dentro di sé. E mentre si addentrava sempre più nei misteri dell'alchimia, Luca scoprì che la vera magia non risiedeva nelle pozioni e negli incantesimi, ma nel viaggio stesso: nella ricerca della verità e nella ricerca dell'illuminazione.

E così, con la saggezza dell'alchimista a guidarlo e il fuoco dei suoi sogni a alimentare il suo viaggio, Luca si avventurò nuovamente nel mondo, il suo cuore pieno della consapevolezza che era destinato alla grandezza. E mentre percorreva le tortuose strade d'Italia, il suo cammino illuminato dalla luce delle stelle sopra, Luca sapeva che il suo viaggio era appena cominciato.

The Alchemist's Journey

In a small village nestled among the rolling hills of Tuscany, there lived a young man named Luca. He was a dreamer, with eyes that sparkled like the stars and a heart that yearned for adventure. But despite his longing to explore the world beyond the borders of his village, Luca was bound by the traditions and expectations of his family.

For generations, the men of Luca's family had been blacksmiths, crafting tools and weapons for the farmers and soldiers who inhabited the surrounding countryside. And though Luca had inherited his father's skills at the forge, his true passion lay elsewhere – in the ancient art of alchemy.

From a young age, Luca had been fascinated by the mysteries of the natural world, by the secrets hidden within the earth and the stars above. He spent hours poring over dusty tomes in the village library, studying the works of alchemists long dead and dreaming of the day when he would unlock the secrets of the universe.

But as the years passed and Luca grew into a man, the weight of his family's expectations bore down upon him like a heavy burden. His father, a stern and practical man, had little patience for his son's dreams of alchemy, urging him instead to focus on the family business and carry on the traditions of his ancestors.

And so, Luca reluctantly set aside his dreams of alchemy and took up the hammer and anvil, forging swords and plows with hands that longed to touch the stars. But try as he might to suppress the fire that burned within him, Luca could not escape the call of his true destiny.

One fateful night, as Luca lay beneath the canopy of stars that stretched across the sky like a shimmering tapestry, he made a decision. He would set out on a journey to discover the secrets of alchemy for himself, to seek out the legendary Alchemist of the East and learn the true meaning of his destiny.

With little more than a knapsack slung over his shoulder and a heart full of determination, Luca set out into the world, his path illuminated by the light of the stars above. He traveled for days and nights, across mountains and deserts, through bustling cities and silent forests, guided only by the whispers of the wind and the beating of his own heart.

Along the way, Luca encountered all manner of characters – wise sages and humble farmers, wandering minstrels and mysterious strangers who seemed to appear out of thin air. Each encounter taught him something new, opening his eyes to the wonders of the world and the limitless possibilities that lay before him.

But it was not until he reached the ancient city of Florence, with its narrow streets and towering cathedrals, that Luca's journey truly began. For it was here, amidst the hustle and bustle of the city, that he encountered a wise old alchemist who took him under his wing and taught him the secrets of the universe.

Under the alchemist's guidance, Luca learned to harness the power of the elements – to transmute base metals into gold, to heal the sick and mend the broken, and to unlock the hidden potential within himself. And as he delved deeper into the mysteries of alchemy, Luca discovered that the true magic lay not in the potions and spells, but in the journey itself – in the search for truth and the quest for enlightenment.

And so, with the wisdom of the alchemist to guide him and the fire of his own dreams to fuel his journey, Luca set out once more into the world, his heart filled with the knowledge that he was destined for greatness. And as he traveled the winding roads of Italy, his path illuminated by the light of the stars above, Luca knew that his journey had only just begun.

Una Storia Toscana di Uliveti e Espresso

Nel sonnolento villaggio toscano di Montefiore, incastonato tra colline ondulate e antichi uliveti, la Signora Lucia mescolava il suo caffè espresso mattutino con un sospiro di contentezza. L'aroma del pane appena sfornato riempiva la sua cucina, mescolandosi con il profumo di rosmarino e timo dal suo giardino all'aperto.

Mentre sorseggiava il suo caffè, la Signora Lucia osservava il mondo prendere vita fuori dalla sua finestra. La piazza del villaggio brulicava di attività mentre i vicini si salutavano con sorrisi e risate, le loro voci salendo e scendendo come una melodia familiare.

La Signora Lucia aveva vissuto a Montefiore per tutta la sua vita, i suoi giorni erano colmi di semplici piaceri e tranquilli momenti di riflessione. Aveva visto cambiare le stagioni e gli ulivi fiorire, le loro foglie argentee scintillanti al sole come gioielli che adornavano il paesaggio.

Ma oggi, mentre sedeva al suo tavolo da cucina, la Signora Lucia sentiva un brulichio nell'anima, un desiderio per qualcosa di più dei ritmi familiari della vita di villaggio. Anelava ad esplorare oltre i confini di Montefiore, a scoprire nuove vedute e suoni, e a respirare la bellezza inebriante del mondo al di là.

E così, con un senso di determinazione che le scorreva nelle vene, la Signora Lucia prese una decisione. Si sarebbe imbarcata in un viaggio, non per fuggire dalla sua casa, ma per arricchire la sua comprensione di essa, per vedere Montefiore con occhi nuovi e gustare ogni momento come se fosse un sorso del suo caffè espresso mattutino - ricco, complesso e pieno di possibilità.

A Tuscan Tale of Olive Groves and Espresso

In the sleepy Tuscan village of Montefiore, nestled amidst rolling hills and ancient olive groves, Signora Lucia stirred her morning espresso with a contented sigh. The aroma of freshly baked bread filled her kitchen, mingling with the scent of rosemary and thyme from her garden outside. As she sipped her coffee, Signora Lucia watched the world come to life outside her window. The village square bustled with activity as neighbors greeted each other with smiles and laughter, their voices rising and falling like a familiar melody.

Signora Lucia had lived in Montefiore all her life, her days filled with simple pleasures and quiet moments of reflection. She had seen the seasons change and the olive trees blossom, their silvery leaves shimmering in the sunlight like jewels adorning the landscape.

But today, as she sat at her kitchen table, Signora Lucia felt a stirring in her soul, a longing for something more than the familiar rhythms of village life. She yearned to explore beyond the borders of Montefiore, to discover new sights and sounds, and to breathe in the intoxicating beauty of the world beyond.

And so, with a sense of determination coursing through her veins, Signora Lucia made a decision. She would embark on a journey, not to escape her home, but to enrich her appreciation for it, to see Montefiore through fresh eyes and to savor each moment as if it were a sip of her morning espresso - rich, complex, and full of possibility.

Sotto il Sole Siciliano

Nella soleggiata città siciliana di Capranella, la vita si svolgeva a un ritmo tranquillo, guidata dai ritmi della tradizione e dal calore della comunità. Signor Giovanni, un pescatore locale, si alzava con l'alba ogni giorno, le sue mani segnate dalla vita guidavano la sua barca sulle acque scintillanti del Mediterraneo.

Mentre gettava la sua rete nelle profondità azzurre, Signor Giovanni sentiva una profonda connessione con il mare, i suoi umori sempre mutevoli riflettevano l'alternarsi della vita stessa. Ad ogni cattura, portava a casa un bottino di pesci, le loro scaglie argentee brillavano nella luce del mattino come tesori provenienti dal profondo.

Ma sotto la superficie tranquilla di Capranella, si stava preparando una tempesta. Gli antichi uliveti della città, una volta rigogliosi e verdi, stavano ora appassendo sotto il calore implacabile del sole. E con il passare dei giorni, la minaccia della siccità si faceva sempre più grande, gettando un'ombra sul futuro della città.

Deciso a salvare la sua amata città natale, Signor Giovanni si mise in viaggio alla ricerca di una soluzione. Cercò esperti e consultò i suoi compagni pescatori, la sua determinazione incrollabile di fronte all'avversità.

E poi, un giorno, mentre gettava la sua rete in mare, l'ispirazione colpì. Signor Giovanni si rese conto che la risposta non stava nel combattere contro la natura, ma nell'abbracciare il suo potere. Con rinnovato scopo, tornò a Capranella e mobilitò i suoi concittadini per sfruttare l'energia del sole, utilizzando pannelli solari per irrigare la terra arida e rivitalizzare gli uliveti.

Mentre le prime gocce di pioggia cadevano dal cielo, segnando la fine della siccità, la gente di Capranella si riunì nella piazza del paese per celebrare. E in mezzo alle risate e alla musica, Signor Giovanni si ergeva fiero, il suo cuore traboccante di orgoglio per la sua comunità e speranza per il futuro sotto il sole siciliano.

Under the Sicilian Sun

In the sun-kissed Sicilian town of Capranella, life unfolded at a leisurely pace, guided by the rhythms of tradition and the warmth of community. Signor Giovanni, a local fisherman, rose with the dawn each day, his weathered hands guiding his boat out onto the shimmering waters of the Mediterranean.

As he cast his net into the azure depths, Signor Giovanni felt a deep connection to the sea, its ever-changing moods mirroring the ebb and flow of life itself. With each haul, he brought in a bounty of fish, their silver scales gleaming in the morning light like treasures from the deep.

But beneath the tranquil surface of Capranella, a storm was brewing. The town's ancient olive groves, once lush and verdant, were now withering under the relentless heat of the sun. And with each passing day, the threat of drought loomed larger, casting a shadow over the town's future.

Determined to save his beloved hometown, Signor Giovanni embarked on a quest to find a solution. He sought out experts and consulted with fellow fishermen, his resolve unwavering in the face of adversity.

And then, one day, as he cast his net into the sea, inspiration struck. Signor Giovanni realized that the answer lay not in fighting against nature, but in embracing its power. With renewed purpose, he returned to Capranella and rallied his fellow townspeople to harness the energy of the sun, using solar panels to irrigate the parched earth and revitalize the olive groves.

As the first drops of rain fell from the sky, signaling the end of the drought, the people of Capranella gathered in the town square to celebrate. And amidst the laughter and music, Signor Giovanni stood tall, his heart overflowing with pride for his community and hope for the future under the Sicilian sun.

Una Disavventura a Roma

Nelle affollate strade di Roma, il giovane Matteo correva lungo con il suo fedele compagno, un pinguino dispettoso amante del gelato chiamato Pippo. Insieme, si imbarcarono in un'avventura travolgente attraverso la Città Eterna, la loro ricerca del cono perfetto di gelato li portò in ogni sorta di delizioso guaio.

La loro prima tappa fu una gelateria pittoresca nascosta in un vicolo lastricato, dove Matteo ordinò con entusiasmo un alto cono carico di cremoso pistacchio e vellutata stracciatella. Ma mentre si girava per condividere la sua leccornia con Pippo, il disastro colpì - il pinguino dispettoso era scomparso nel nulla!

Frenetico, Matteo cercò dappertutto, i suoi gridi di "Pippo, dove sei?" echeggiavano per le strade. Ma Roma era un labirinto di vicoli tortuosi e piazze affollate, e Pippo non si trovava da nessuna parte.

Proprio quando sembrava che ogni speranza fosse perduta, Matteo inciampò in un trambusto in Piazza Navona - Pippo, appollaiato su un monociclo di un artista di strada, jonglava con palline di gelato con la destrezza di un artista circense navigato! La folla scoppiò in risate mentre Pippo si barcamenava precariamente sul monociclo, il suo becco macchiato di gelato dai colori dell'arcobaleno.

Sollevato per aver ritrovato il suo amico dispettoso, Matteo si unì al divertimento, i due volteggiarono e giravano per la piazza in un vortice di eccitazione alimentato dal gelato. E mentre il sole tramontava sui tetti di Roma, gettando un bagliore dorato sulla città, Matteo e Pippo assaporarono ogni momento della loro disavventura, i loro cuori pieni di risate e del dolce gusto del gelato a volontà.

A Misadventure in Rome

In the bustling streets of Rome, young Matteo scampered along with his faithful companion, a mischievous gelato-loving penguin named Pippo. Together, they embarked on a whirlwind adventure through the Eternal City, their quest for the perfect scoop of gelato leading them into all sorts of delightful mischief.

Their first stop was a quaint gelateria tucked away in a cobblestone alley, where Matteo eagerly ordered a towering cone piled high with creamy pistachio and velvety stracciatella. But as he turned to share his treat with Pippo, disaster struck – the mischievous penguin had vanished into thin air!

Frantic, Matteo searched high and low, his cries of "Pippo, where are you?" echoing through the streets. But Rome was a maze of winding alleys and bustling piazzas, and Pippo was nowhere to be found.

Just when all hope seemed lost, Matteo stumbled upon a commotion in the Piazza Navona – Pippo, perched atop a street performer's unicycle, juggling gelato scoops with the skill of a seasoned circus performer! The crowd roared with laughter as Pippo wobbled precariously on the unicycle, his beak stained with rainbow-colored gelato.

Relieved to have found his mischievous friend, Matteo joined in the fun, the two of them spinning and twirling through the piazza in a whirlwind of gelato-fueled excitement. And as the sun set over the rooftops of Rome, casting a golden glow across the city, Matteo and Pippo savored every moment of their misadventure, their hearts filled with laughter and the sweet taste of gelato galore.

Il Giardino Segreto di Firenze

Nel cuore di Firenze, nascosto dietro un'antica parete di pietra ricoperta di edera, giaceva un giardino segreto conosciuto solo da pochi eletti. Luca, un giovane curioso con una sete insaziabile di avventura, era inciampato in questa gemma nascosta un pigro pomeriggio d'estate mentre esplorava le strette strade della città.

Mentre Luca spingeva il cancello cigolante, si trovò trasportato in un mondo di incanto. Fiori vibranti sbocciavano in colori sgargianti, il loro profumo fragrante riempiva l'aria di dolcezza. Il mormorio gentile di una fontana sussurrava segreti al vento, mentre le farfalle volavano di fiore in fiore come coriandoli colorati danzanti alla luce del sole.

Nel centro del giardino si ergeva un maestoso albero di fico, i suoi rami protesi verso il cielo come braccia tese. Luca arrampicò sul suo tronco contorto con l'agilità di uno scoiattolo, il cuore che batteva d'emozione mentre raggiungeva il ramo più alto e guardava giù su un mare di verde.

Ma mentre Luca si meravigliava della bellezza del giardino segreto, udì una voce soffice che chiamava il suo nome. Sorpreso, si voltò e vide una ragazza della sua stessa età emergere da dietro un groviglio di viti, gli occhi che brillavano di curiosità.

"Chi sei?" chiese Luca, la voce appena sopra un sussurro.

"Io sono Sofia," rispose la ragazza, un sorriso birichino che si diffondeva sul suo viso. "E questo è il mio giardino."

In quel momento, Luca sapeva di aver trovato un'anima affine, qualcuno che condivideva il suo amore per l'avventura e la scoperta. Insieme, esplorarono ogni angolo del giardino segreto, scoprendo sentieri nascosti e nicchie segrete dove potevano trascorrere ore in conversazione.

Mentre il sole tramontava all'orizzonte, gettando un bagliore dorato sulla città, Luca e Sofia si sedettero fianco a fianco sotto l'albero di fico, le loro risate che si mescolavano al fruscio delle foglie nella brezza serale. E mentre guardavano le stelle cominciare a brillare nel cielo che si scureva, sapevano che la loro amicizia era un tesoro degno di più di tutti i segreti di Firenze messi insieme.

The Secret Garden of Florence

In the heart of Florence, hidden behind an ancient stone wall draped with ivy, lay a secret garden known only to a select few. Luca, a curious young boy with an insatiable thirst for adventure, had stumbled upon this hidden gem one lazy summer afternoon while exploring the narrow streets of the city.

As Luca pushed open the creaky gate, he found himself transported into a world of enchantment. Vibrant flowers bloomed in riotous colors, their fragrant perfume filling the air with sweetness. The gentle babble of a fountain whispered secrets to the breeze, while butterflies flitted from blossom to blossom like colorful confetti dancing in the sunlight.

In the center of the garden stood a majestic fig tree, its branches reaching towards the sky like outstretched arms. Luca climbed its gnarled trunk with the agility of a squirrel, his heart pounding with excitement as he reached the highest branch and gazed out over the sea of green below.

But as Luca marveled at the beauty of the secret garden, he heard a soft voice calling his name. Startled, he turned to see a girl his own age emerging from behind a tangle of vines, her eyes sparkling with curiosity. "Who are you?" Luca asked, his voice barely above a whisper.

"I'm Sofia," the girl replied, a mischievous grin spreading across her face. "And this is my garden."

In that moment, Luca knew he had found a kindred spirit, someone who shared his love for adventure and discovery. Together, they explored every corner of the secret garden, uncovering hidden pathways and secret nooks where they could while away the hours lost in conversation.

As the sun dipped below the horizon, casting a golden glow over the city, Luca and Sofia sat side by side beneath the fig tree, their laughter mingling with the rustle of leaves in the evening breeze. And as they watched the stars begin to twinkle in the darkening sky, they knew that their friendship was a treasure worth more than all the secrets of Florence combined.